SABES
QUE ERES

CUANDO....

SABES QUE ERES

LIBRA

CUANDO.....

100 DATOS RELACIONABLES SOBRE SER LIBRA

Sarah Howell

...no puedes tomar una decisión sin sopesar todas las opciones.

...encuentras armonía en la simetría de las cosas.

...tu sentido de la moda es impecable y siempre estás vestido para impresionar.

...siempre eres tú quien media los conflictos entre amigos.

...su casa está llena de bello arte y decoración.

...eres la persona a la que acudir para obtener consejos sobre relaciones.

...no soportas los enfrentamientos y tratas de mantener la paz.

...eres conocido por tu naturaleza encantadora y diplomática.

...te encantan las reuniones sociales y puedes manejar una sala como un profesional.

...a menudo te acusan de ser un poco indeciso.

...eres un verdadero romántico de corazón.

...siempre estás luchando por el equilibrio en tu vida.

...eres un pacificador natural.

...tienes un profundo aprecio por el arte y la cultura.

...estás obsesionado con la simetría y el orden.

...te encanta organizar cenas y reuniones.

...te atraen los entornos estéticamente agradables.

...no puedes resistirte a un buen debate o discusión.

...estás constantemente buscando justicia y equidad.

...eres un encantador natural y puedes conquistar a la gente fácilmente.

...tienes un don para ver ambos lados de un argumento.

...eres un maestro del compromiso.

...aprecias la belleza en las pequeñas cosas.

...eres conocido por tu tacto y diplomacia.

...disfrutas de disfrutar de las cosas buenas de la vida.

...estás obsesionado con mantener tu feed de redes sociales estéticamente agradable.

... eres un coqueteador natural sin siquiera intentarlo.

...crees en el poder del amor y la asociación.

...estás constantemente reorganizando tus muebles para encontrar el equilibrio perfecto.

...tienes un fuerte sentido de justicia y equidad.

...no puedes resistirte a comprar hermosas joyas.

...siempre estás luchando por la belleza interior y exterior.

...eres un gran oyente y ofreces buenos consejos.

...Eres un tonto que se deja llevar por una buena historia de amor.

...eres un diplomático y mediador natural.

...encuentras paz en la naturaleza y un entorno sereno.

...te sientes atraído por carreras en derecho, mediación o asesoramiento.

...no puedes soportar cuando las cosas están fuera de equilibrio o fuera de lugar.

...eres un fanático incondicional de las comedias románticas.

...eres conocido por tu sentido del estilo y la moda.

...tienes un amor por la música clásica y las artes.

...tienes un don natural para establecer contactos y construir conexiones.

...tienes una colección de velas aromáticas para crear un ambiente armonioso.

...no puedes resistirte a un buen día de spa o a un ritual de cuidado personal.

...siempre te esfuerzas por crear una dieta equilibrada y una rutina de ejercicios.

...aprecias la belleza de una carta o tarjeta escrita a mano.

...eres conocido por tus modales impecables.

...disfrutas de la emoción de una buena negociación.

...tienes un don para hacer que las personas se sientan valoradas y escuchadas.

...crees en el poder del compromiso en las relaciones.

...te sientes atraído por carreras en diseño, moda o decoración de interiores.

...no podrás resistirte a un buen día de spa o masaje.

...tienes una lista de reproducción para cada estado de ánimo y ocasión.

...siempre estás buscando la armonía en tu vida personal y profesional.

...eres conocido por tu sonrisa cautivadora.

...tienes un don natural para dar cumplidos y hacer que la gente se sienta especial.

...preferirías estar soltero antes que conformarte con algo menos que tu pareja ideal.

...eres fanático de los feeds de Instagram estéticamente agradables.

... eres indeciso sobre tus propios planes de cumpleaños.

...no puedes resistirte a un hermoso atardecer o amanecer.

...estás constantemente dividido entre quedarte en casa para pasar una noche acogedora o salir a un evento social.

...te sientes atraído por carreras en asesoramiento, psicología o terapia.

...tienes un don para crear una atmósfera armoniosa en tu hogar.

...eres un fanático de la poesía y la literatura romántica.

...eres conocido por tu gusto impecable en vinos y comida.

...tienes talento para organizar fiestas elegantes y memorables.

...tienes un armario lleno de ropa pero aún así no encuentras nada que ponerte.

...siempre estás buscando justicia y equidad en el mundo.

...no podrás resistirte a un buen retiro de spa o a una escapada de fin de semana.

...tienes un profundo amor por todas las cosas bellas y artísticas.

...eres conocido por tu capacidad de ver ambos lados de un argumento.

...eres un maestro en el arte de la seducción sin siquiera intentarlo.

...tienes talento para arreglar flores y crear ramos impresionantes.

...no puedes resistirte a reorganizar tus muebles cada pocas semanas para lograr esa esquiva sensación de equilibrio.

...te sientes atraído por carreras en diplomacia, política o derecho.

...no puedes tomar una decisión sin consultar primero tu horóscopo.

...eres conocido por tu capacidad de disipar la tensión con tu encanto.

...pasas horas intentando encontrar el emoji perfecto para enviar en un mensaje de texto.

...eres fanático de los paisajes hermosos y las vistas pintorescas.

...tienes una capacidad innata para ver el lado positivo de cada situación.

...puedes convertir sin esfuerzo cualquier tarea mundana en un esfuerzo creativo.

...tienes una habilidad extraordinaria para encontrar armonía en la música más discordante.

...crees que incluso las tormentas más oscuras pueden revelar los arcoíris más hermosos.

...eres un maestro en el arte del compromiso, incluso en las situaciones más difíciles.

...su estantería está llena de una amplia variedad de títulos, que reflejan sus intereses en constante evolución.

...eres a quien la gente recurre en busca de consejos sobre cómo reparar relaciones rotas.

...tienes una conexión especial con los animales y sientes que puedes comunicarte con ellos a un nivel más profundo.

...aprecias la belleza de las cartas escritas a mano y a menudo escribes notas sinceras a tus seres queridos.

...puedes convertir una comida sencilla en una obra maestra culinaria con tus habilidades de presentación.

...tienes una presencia magnética que atrae a la gente hacia ti como una polilla a la llama.

...crees que cada persona que conoces tiene una historia única que vale la pena escuchar.

...eres conocido por tu gusto impecable a la hora de elegir el regalo perfecto para cualquier ocasión.

...te apasiona coleccionar artículos vintage y descubrir las historias ocultas detrás de ellos.

... tienes un talento natural para organizar fiestas temáticas que transporten a los invitados a diferentes épocas y culturas.

...puedes reunir sin esfuerzo puntos de vista opuestos en una discusión productiva y armoniosa.

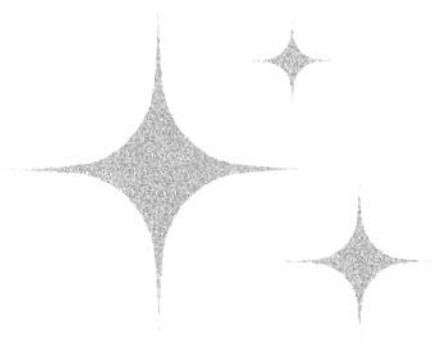

...te sientes atraído por profesiones que implican la resolución creativa de problemas y la superación de brechas entre las personas.

...encuentras belleza en los patrones de las estrellas y a menudo contemplas los misterios del cosmos.

...puedes convertir una conversación informal en una exploración filosófica profunda sin perder el ritmo.

...puedes hacer que incluso las tareas más mundanas se sientan como una sesión de meditación.

...encuentras belleza en la forma en que un solo rayo de sol baila a través de las hojas de un árbol.

...crees que todo desacuerdo puede resolverse con la combinación adecuada de empatía y compromiso.

www.ingramcontent.com/pod-product-compliance
Lightning Source LLC
Chambersburg PA
CBHW071252140726
47996CB00007B/2835